No. 3.

DISCOURS

SUR

LES DANGERS

DE

L'IDOLATRIE INDIVIDUELLE

DANS UNE RÉPUBLIQUE.

Prononcé dans le Temple de la Morale de la section de GUILLAUME TELL, le 2e Décadi, 20 Fructidor, l'an 2e. de la République Française, une et indivisible.

PAR ÉTIENNE BARRY,

Jacobin régénéré.

CITOYENS,

Depuis que ma foible voix a commencé à se faire entendre dans ce temple, je n'ai cessé de vous prémunir contre la superstition et le fanatisme, par des rai-

IVe. Vol.   A

sonnemens et par des esquisses légeres des malheurs que ces fleaux ont produit et peuvent produire encore. Je vous ai démontré que l'égalité et la Liberté ne pouvoient pas exister long-temps chez un peuple endoctriné, dirigé, saisi depuis la naissance jusqu'après la mort, par des hommes adroits qui se disent les ministres de la divinité, et prétendent parler en son nom. A-coup-sûr, avec un pareil langage, des prêtres de toute religion acquierent insensiblement un ascendant irrésistible sur les esprits ignorans, crédules et pusillanimes, parviennent bientôt à se faire regarder comme des êtres supérieurs, comme des envoyés du tout-puissant, comme des hommes divins; et dès-là, il n'est plus de bornes à l'aveuglement, à la soumission de ceux qui ne savent que croire, obéir et se taire; et quand la puissance sacerdotale, poussée par un intérêt commun, renforce de toute sa masse la tyrannie couronnée, dès lors le genre humain, chargé de fers, n'est plus qu'un troupeau d'esclaves.

C'est dans la vue d'éclairer les hommes de tous les pays, sur les terribles effets du fanatisme religieux contre la Liberté, que j'ai entrepris une suite de discours sur l'origine et les causes des institutions religieuses. Mon but, dans ce grand travail, est de démontrer que toutes ces institutions, que tous les cultes n'ont pour

base que l'ignorance, l'erreur des mortels, et la fourberie qui sait profiter de
leur crédulité pour les asservir.

Plusieurs raisons inattendues ont interrom-
pu souvent ma course, et m'ont fait livrer
à des sujets de circonstance. Je repren-
drai bientôt ma tâche.

Aujourdui je veux, pour mettre à pro-
fit la crise violente que nous venons d'éprou-
ver, vous entretenir d'un genre de superstition, de fanatisme non moins dangereux,
chez un peuple libre, et d'autant plus
fréquent que la cause en est plus naturelle,
plus rapprochée ; que son action s'insinu
plus aisément dans l'esprit et dans le cœur
en frappant directement les sens, et qu'elle
s'identifie chez un républicain, avec
l'amour de la vertu, de la liberté et de la
patrie.

Je parle de L'IDOLATRIE INDIVI-
DUELLE, de cet espèce de culte que l'homme rend au mérite distingué d'un autre
homme; de cette admiration, de cette reconnoissance, pour ainsi dire, inspirées,
que produisent dans nos ames des vertus rares,
de grands talens, des services éclatans ren-
dus à la chose publique, à l'humanité; et qui
en accoutumant le simple citoyen à regarder comme un être supérieur celui qui
possède ces avantages, font de lui une
idole vivante, une divinité tutélaire, digne objet des respects, des hommages et
enfin de l'obéissance des mortels.

Tels sont les dangers de l'idolâtrie individuelle chez un peuple libre ; tel est
le sujet de ce discours. Après la triste expérience que nous venons d'en faire, ce
que j'ai à vous dire est trop intéressant
pour ne pas attirer votre attention : je
vous la demande au nom de la patrie.

———

LA VERTU a sans doute un puissant
ascendant sur le cœur humain. Par-tout
où il est des hommes encore dociles à la
douce voix de la nature, on révère, on
chérit la vertu, parce que la vertu étant
la morale mise en action, c'est-à-dire,
la pratique désintéressée et souvent pé-
nible de tout ce qui est bon et utile à ses
semblables, les hommes ne peuvent que
l'aimer à cause de l'utilité qu'ils en re-
cueillent ; et par une liaison nécessaire,
ils aiment l'homme vertueux, comme auteur du bien qu'ils éprouvent.

En effet, quel est celui qui n'aime pas
son père et sa mère, pour les tendres soins
qu'il en a reçu dans son enfance, et pour
le bien-être qu'ils ne cessent de lui pro-
curer, aux dépends de leur repos et même
de leurs besoins ? Quel est l'homme tant
soit peu instruit qui ne révère pas le philosophe, le législateur, le savant, l'homme
de lettres qui, par ses ouvrages, ses
veilles, ses découvertes, a éclairé, servi,
rendu heureuse l'humanité ; l'artiste qui,
par ses talens et les productions de son
génie et de ses mains, a embelli, enrichi
la société ; ou le laboureur qui, à la sueur

de son front, multiplie les productions de la terre avare, pour en nourrir ses concitoyens? Quel est celui qui n'admire pas le général, le soldat qui a défendu, sauvé, fait triompher son pays, par sa valeur ou son habileté, et souvent par l'effusion de tout son sang? Quelle est la beauté sensible, dont le cœur ne tressaille pas de plaisir, au récit d'une belle action, d'un trait de bienfaisance, de générosité ou de dévouement.

Voilà, citoyens, la cause de l'ascendant de la vertu: d'une part les bienfaits, de l'autre la reconnoissance qu'ils excitent.

Le sentiment de la reconnoissance est tellement dans l'ordre de la nature qu'il existe même chez les brutes les plus féroces. Je ne parle pas de ces animaux domestiques, dont les caresses habituelles nous consolent quelquefois de l'ingratitude humaine, nous y sommes accoutumés; mais voici sur les autres un trait remarquable cité par Sénèque dans son livre des bienfaits. (1) « Nous avons vu avec intérêt, dans l'amphithéâtre, un

---

(1) *Leonem in amphitheatro spectavimus, qui unum ex bestiariis (a) agnitum quod quondam fuerat ejus magister, protexit ab impetu bestiarum.*

Senec. lib. de beneficiis.

(a) On appeloit *bestiaires* ceux qui étoient condamnés à combattre les bêtes féroces, dans le cirque, ou qui en faisoient métier.

» lion qui reconnoissant pour son ancien
» maître, un de ceux destinés à le com-
» battre, le protégea contre l'impétuosité
» des bêtes ». Ah, que ce lion méritoit
bien les vifs applaudissemens dont il fut
couvert par les spectateurs ravis d'admiration ! Que les ingrats se souviennent de
ce lion, et qu'ils rougissent, s'ils le peuvent
d'être moins sensibles que lui !

Mais l'empire de la vertu n'existe nulle part
avec tant de force, avec tant d'éclat, que
chez un peuple libre. En effet, le gouvernement républicain ne pouvant exister que par
la réunion, par le concours de toutes les bon-
nes actions, de toutes les lumières, de tous
les talens, de tous les efforts, en un mot
par la puissance de la vertu, il faut néces-
sairement la provoquer, l'animer, l'élec-
triser, par l'appas de tout ce qu'il y a de
plus flatteur, de plus précieux pour une
âme élevée et délicate, l'estime et l'amour
de ses concitoyens.

Il n'en est pas ainsi dans le gouvernement despotique. Là, le mot *vertu* est
étranger, tourné en ridicule, renvoyé
dans les romans ou sur le théâtre, et on l'a
fastueusement remplacé par le mot *honneur*.
Ainsi, a dit Montesquieu, et on l'a ma-
chinalement répété d'après lui, « la vertu
» est le principe de la république, et
» l'honneur celui de la monarchie ».

Mais qu'est-ce que l'honneur sans la vertu, ou du moins, comment l'honneur peut-
il être distingué de la vertu ? On peut donc

être homme d'honneur, sans vertu, et homme vertueux sans honneur? Cela est sans doute inintelligible. A la vérité, Montesquieu, après avoir flatté l'oreille chatouilleuse des monarques et de tous leurs chevaliers, par ce grand mot *honneur*, s'est ensuite expliqué, en philosophe, pour les hommes libres, et il nous apprend que l'honneur des monarchies n'est qu'un faux honneur, qu'un sot orgueil, qu'un véritable égoïsme qui fait qu'on ne règle ses actions, ses sentimens, sa conduite, que sur l'avantage ou le désavantage personnel qu'on en peut retirer, sans nul égard pour le bien ou le mal des autres.

Dans une monarchie on se bat, non pour la défense, pour la gloire de la patrie, mais pour prouver qu'on n'est pas un lâche, ou pour obtenir du despote qu'on a *l'honneur de servir*, des récompenses sordides ou puérilles.

Dans une monarchie on tâche de passer pour honnête homme afin de n'être pas traité comme un scélérat. On veut bien être un fripon, mais on ne veut pas être accusé de l'être. L'infâme séducteur des épouses et des filles se nomme effrontément *un aimable roué*. L'homme de cœur ne paye point ses dettes, et se moque de son bénigne créancier *en caressant jusqu'à son petit chien*. Le juge qui vend en secret la justice, se donne en public pour un magistrat intègre; le monopoleur, l'agioteur pour un bon négociant; l'usurier pour un homme secourable;

l'hipocrite pour un saint : enfin l'on rejette loin de soi la probité, la vertu, mais on en porte le masque, et c'est là ce que dans les monarchies on appelle *honneur*.

Oh que la vertu républicaine est bien différente : la patrie est tout, un citoyen n'est rien, la Liberté ou la mort, voilà l'opinion de l'homme libre. Un désintéressement absolu, l'abnégation de soi-même, le dévouement de son existence au bonheur commun, des mœurs pures, la frugalité, l'économie, l'amour du travail, du devoir et de l'humanité, voilà son caractère ; hors de là ce n'est plus la vertu, c'est son fantôme ; c'est ce faux honneur si utile, si cher au despotisme, et il me fait horreur.

Citoyens, en considérant la vertu dans toute sa pureté, rien de plus naturel, de plus juste, de plus avantageux dans l'ordre social, que son ascendant. Mais comme sur la terre le mal est toujours à côté du bien, et que l'homme penche naturellement vers les extrêmes, sans se fixer qu'avec peine dans un juste milieu, ce même ascendant devient funeste dans une république par une extension démesurée ; et la Liberté peut périr par l'abus de la vertu, développons cette idée.

Dans le gouvernement républicain tous les citoyens doivent généralement être vertueux, car tous ont reçu la même éducation, les mêmes principes, un seul esprit public, et tous ont un égal intérêt à bien faire pour la prospérité de la chose publique, puisqu'elle appartient à tous : ainsi, un champ appartenant à une famille entière est d'autant plus fertile que chacun des membres qui la composent employe assiduement à la culture du patrimoine commun ses bras et ses soins.

Cependant, c'est une vérité constante qu'il ne peut y avoir dans l'espèce humaine une parfaite égalité de vertus et de talens. La raison en est que, quoique l'organisation physique de chaque individu soit la même, prise en grand, elle varie pourtant dans les parties infiniment petites dont elle est composée : et de même qu'on ne trouve pas deux visages, deux corps égaux en tout point, on ne trouve pas non plus, un ensemble d'organes extérieurs et intérieurs parfaitement semblables dans les détails.

Or, le caractère étant le résultat de l'organisation physique, il est comme sa cause génératrice, susceptible d'une infinité de degrés, de teintes, de modifications, car la nature riche, féconde, magnifique dans ses créations, fuit la stérile monotonie et se complait dans la diversité.

De là, nous devons juger que, parmi des républicains, jettés, pour ainsi dire, au même moule politique, il est cependant des hommes plus ou moins vertueux,

plus ou moins habiles, suivant les diffé-
rentes nuances de leurs cara tères primitifs,
ou selon les causes accidentelles qui ont
servi a développer, fortifier, aggrandir leur
ames, ou à les dépraver. Ainsi dans les républiques anciennes on a toujours vû des
hommes supérieurs en vertus, à la multitude ; des hommes remarquables par leur
grands caractères et par les sublimes talens
qui en étoient le produit ; enfin tous ces hommes illustres dont les noms inspirent encore
la véneration après tant de siècles écoulés
depuis leur existence. Annibal, Hannon à
Carthage ; Licurgue, Lysandre à Sparte ;
Solon, Socrate, Platon, Alcibiade, Pho-
cion, Aristide, Thémistocle, Periclès, Dé-
mostenes à Athènes ; Philopemen à Mé-
galopolis ; Timoléon à Syracuse ; Pélopidas,
Epaminondas à Thèbes ; Numa, Camille,
Cincinnatus, Fabius, Coriolan, Gracchus,
Scipion, Caton, Marius, Sylla, Catilina,
Pompée, César, Cicéron, Brutus à Rome,
dans les républiques modernes, Furst,
Werner, Mechtal, Guillaume Tell en Suisse ;
Wasington, Franklin, Adams en Amérique ;
la liste est ouverte pour les Français qui
pacourront avec éclat la carrière de la Liberté, et Marat sera toujours à la tête.

Mais il faut l'avouer ; parmi ces hommes
fameux qui ont illustré leur pays, tous
n'en ont pas été les bienfaiteurs, et plusieurs ont fait de leurs éminentes qualités
un usage funeste pour leurs concitoyens.

Leur penchant naturel ou acquis pour la domination s'est accru chez eux du tribut de bienveillance, de gratitude, et de confiance qui leur arrivoit de toutes parts. L'orgueil, l'ambition, la jalousie ont facilement pénétrés dans des cœurs ouverts à l'amour de la gloire, des dignités et du pouvoir. Leurs ames se sont enivrées de l'encens que leur prodiguoit à pleines mains l'adulation, et lorsqu'aux dons heureux de la nature, aux fruits de l'étude et de l'expérience, au poison de la flatterie se sont alliés de fortes passions et de grands vices, comme dans Alcibiade, Catilina, César, aussitôt les grands hommes sont devenus de grands scélérats.

Telle est, dans les républiques, la source des projets, des partis, des factions, des conjurations pour s'élever au dessus de tous, sur les ruines de la Liberté, de l'égalité et de la patrie. Oui, telle est la fureur de dominer, que l'ambitieux César eût mieux aimé être le premier des habitans d'une petite cité des Alpes (2) que le second parmi les Romains.

---

(2) Plutarque raconte (*Caius Cæsar*, 38.) que César traversant les Alpes, étant obligé de passer par une ville de *barbares* (*d'étrangers*), dont les habitans, peu nombreux, étoient très-fâchés, ses compagnons de voyages, informés de ce qui se pas-

Quel est le moyen le plus puissant employé par l'ambition pour arriver à son but? Je le répète, c'est l'idolâtrie individuelle; et voici sa marche.

Dans la république, chacun doit faire son devoir; mais courant tous la même carrière, une noble et louable émulation fait qu'on redouble d'efforts pour s'y distinguer. La vanité se met de la partie; on aspire aux fonctions publiques, pour se mettre en évidence, déployer ses talens, acquérir l'estime de ses concitoyens. Comme dans un gouvernement populaire, c'est le peuple souverain qui fait les élections, il faut plaire à la multitude, pour capter ses suffrages, et on y parvient aisément par un langage flatteur et des manières affables.

C'est ainsi qu'à Rome, Appius et les autres decemvirs, comme je l'ai dit dans mon discours (troisième volume, premier numéro.) sur le gouvernement ré-

---

soit, se mettent à plaisanter sur cette bicoque, en disant : « ne pensez-vous pas qu'il s'agisse ici des plus grands objets d'ambition, de disputes sérieuses pour des dignités, et de jalousie mutuelle entre des hommes puissans.» A quoi César répondit: « j'aimerois mieux vraiment être le premier parmi ceux-ci, que le second parmi les Romains. (*Mallem equidem inter ipsos primus, quàm inter Romanos esse secundus.*)

pulicain, réussirent à se faire, la seconde
année, continuer dans leurs fonctions, et
s'érigèrent, aussitôt après leur réélection,
en vrais tyrans.

Si à ces moyens ordinaires de popularité
on joint des grâces naturelles, le talent
de la parole, l'aptitude aux affaires; si
l'on peut citer des succès politiques ou
militaires; si l'on a d'honorables cicatrices
à montrer ou les dépouilles des vaincus et
des couronnes civiques à étaler, avec quelle
force n'augmente pas cet ascendant commence, sur les esprits de la multitude ido-
lâtre. Dès lors, maître de l'opinion publique,
il ne faut plus à l'ambitieux que saisir
le moment favorable pour exciter une ex-
plosion, et pousser ses vues désordonnées
jusqu'au plus haut période.

Citoyens, ce n'est pas assez pour notre
instruction de considérer en général les
dangers de l'idolâtrie individuelle, il faut
encore apprendre à connoître particulièrement les signes, les symptômes qui précèdent
ce fléau destructeur des républiques, comme
les nuages épais poussés par des vents
impétueux, sont les précurseurs des orages.

Je ne puis vous donner une idée plus
juste, plus frappante de ces ambitieux si
dangereux pour leurs pays, qu'en vous
présentant, parmi plusieurs autres dont
je pourrois vous entretenir si les bornes de
ce discours me le permettoient, le portrait

de Catilina fait par les plus habiles mains de l'antiquité.

« Catilina », (1) dit Saluste, « né d'une race patricienne, étoit d'une grande force et d'ame et de corps ; mais d'un esprit mal fait et dépravé. Dans son adolescence, les guerres intestines, les meurtres, les rapines, la discorde civile lui étoient agréables, et ce furent-là les exercices de sa jeunesse. Il supportoit la faim, la soif, la rigueur des saisons, les veilles, au-dessus de tout ce qui est croyable. C'étoit une ame audacieuse, fourbe, empruntant toutes les formes, feignant ou dissimulant tout ce qu'il lui plaisoit, avide du bien d'autrui, prodigue du sien, ardent dans ses passions. Il avoit assez d'éloquence, peu de bon sens. Son génie vaste aspiroit toujours aux projets immodérés, incroyables, et trop élevés pour un mortel »

---

(1) « L. Catilina nobili genere natus, fuit magnâ vi et animi et corporis, sed ingenio malo pravoque. Huic ab adolescentiâ bella intestina, cœdes, rapinae, discordia civilis, grata fuere : ibique juventutem suam exercuit. Corpus patiens inediae, algoris, vigiliae, supra quam cuiquam credibile est : animus audax, subdolus, varius, cujuslibet rei simulator ac dissimulator, alieni appetens, sui profusus, ardens in cupiditatibus ; satis eloquentiae, sapientiae parum : vastus animus immoderata, incredibilia, nimis alta semper cupiebat ». (Sallust. Bell. Catil. cap. 5.

Ecoutons à présent Cicéron :
« Catilina (4) n'eut pas en réalité
toutes ces éminentes vertus qu'il montroit,

---

(1) « *Habuit (Catilina) permulta maximarum non
expressa signa, sed adumbrata virtutum. Utebatur ho-
minibus improbis multis : et quidem optimis se viris dedi-
tum esse simulabat. Erant apud illum illecebrae libinum
multae : erant etiam industriae quidam stimuli ac labo-
ris. Flagrabant vitia libidinis apud illum : vigebant
etiam studia rei militaris ; neque ego unquam fuisse tale
monstrum in terris ullum puto, tam ex contrariis, diver-
sisque inter se pugnantibus naturae studiis, cupiditati-
busque conflatum. Quis clarioribus viris quodam tempore
jucundior ? Quis turpioribus conjunctior ? Quis civis me-
liorum partium aliquando ? Quis tetrior hostis huic civi-
tati ? Quis in voluptatibus inquinatior ? Quis in laboribus
patientior ? Quis in rapacitate avarior ? Quis in largi-
tione effusior ? Illa vero in illo homine mirabilia fuerunt,
comprehendere multos amicitiâ, tueri obsequio, cum omnibus communicare quod habebat, servire temporibus suorum
omnium pecuniâ, gratiâ, labore corporis, scelere etiam,
si opus esset, et audaciâ : versare suam naturam et regere
ad tempus, atque huc et illuc torquere et flectere : cum
tristibus severè, cum remissis jucundè, cum senibus gra-
viter, cum juventute comiter, cum facinorosis audaciter,
cum libidinosis luxuriosè vivere. Hâc ille tam variâ, mul-
tiplicique naturâ, cum omnes omnibus in terris homines
improbos audacesque collegerat ; tum etiam multos fortes
viros et bonos specie quâdam virtutis assimulatâ tenebat ».
(Orat. pro Caelio, Cap. 5 et 6.)*

mais il en avoit seulement les apparences. Il étoit familier avec beaucoup de scélérats, et feignoit d'être dévoué aux gens de bien. Il se livroit aux douceurs de la volupté, et il n'en étoit pas moins ardent à l'application et au travail... Tous les vices de la débauche le consumoient, et il recherchoit aussi les exercices et les fatigues de la guerre. Non, je ne crois pas qu'il y ait jamais eu sur la terre un monstre tel que lui composé de goûts et de désirs si contraires entre eux, et si différents, si incompatibles de leur nature. Qui plus que lui fut tantôt agréable aux hommes du plus grand mérite, et tantôt confondu avec les hommes les plus déhontés ? Quel meilleur citoyen quelquefois, et quel ennemi plus méchant pour cette cité ? Quelle vie plus débordée que la sienne, et dans les travaux quelle plus grande patience ? Qui est-ce qui a poussé plus loin l'avarice dans ses rapines et la prodigalité dans ses largesses ? Quelque chose d'étonnant, c'est le talent qu'il avoit pour se faire beaucoup d'amis, et les attacher fortement à sa défense. Tout ce qui lui appartenoit étoit à eux. En tout temps il les servoit de son argent, de son crédit, de ses peines, et même par le crime et l'audace, s'il en étoit besoin. Il accommodoit et régloit sur les circonstances son naturel, et il savoit en toute occasion se roidir ou fléchir à propos. Sévère avec les hommes mornes, gai avec les enjoués,

enjoués, grave avec les vieillards, folâtre avec la jeunesse, hardi avec les scélérats, crapuleux avec les débauchés; c'est ainsi que, variant et multipliant à son gré son caractère, il avoit rassemblé de tous les pays tout ce qu'il y avoit de méchans et d'audacieux et gagné beaucoup d'hommes excellens, séduits par les faux dehors de la vertu ».

Tel étoit ce fameux Catilina qui alloit renverser la Liberté romaine, si la vigilance, l'habileté, la courageuse et véhémente éloquence de Cicéron n'eussent, en plein sénat et devant le peuple, attaqué et poursuivi avec opiniâtreté ce redoutable sénateur, au milieu même de ses partisans et de ses amis. Il fallut à Cicéron, pour faire condamner ce conspirateur, et par sa mort sauver Rome, les quatre superbes harangues connues sous le nom *des Catilinaires*, ouvrages immortels qui servirent la république mieux que n'auroient fait quatre victoires sur ses ennemis étrangers.

Que le modérantisme ou un faux esprit de justice et d'humanité l'eussent emporté sur la sainte indignation et l'héroïque fermeté du consul, et tout étoit perdu.

Si de ces temps reculés nous passons aux modernes, si nous portons particulièrement nos regards sur les grands évènemens et les principaux personnages de notre république naissante, nous verrons qu'avec moins de brillant, de profondeur et de

IVe. Vol.   B

ressource dans le caractère, ce sont les mêmes ressorts, les mêmes filets que nous tendent les imitateurs ou plutôt les singes de Catilina et de tant d'autres célèbres conspirateurs.

Mais après tant de grands noms Carthaginois, Grecs ou Romains, oserois-je placer à leur suite Lafayette, d'Orléans, Brissot, Pétion, Dumourier, Danton, Hébert et leurs vils complices? Non, ces scélérats subalternes ne valent pas l'honneur d'être cités; mais je ne dois pas passer sous silence celui de leurs pareils qui le dernier a occupé la scène, et qui le plus long-temps a trompé le peuple sous le masque de la vertu: c'est Robespierre.

Il est difficile de concevoir comment un homme isolé, sans naissance, sans fortune sous l'ancien régime, n'ayant rendu dans l'origine de la révolution aucun service signalé, ne s'étant jamais montré dans les camps, dans les négociations politiques, ni dans les grandes affaires civiles, ni dans la littérature sans être pourvu d'un extérieur distingué, pas même prévenant, enfin sans aucune de ces qualités brillantes au physique et au moral, propres à éblouir les yeux, et à gagner les cœurs du vulgaire, il se soit cependant élevé au plus haut degré de popularité et jusqu'à la tyrannie.

En suivant, pas à pas, la marche de ce singulier personnage, on voit que la

profession du barreau qu'il avoit exercée
dans son pays (5), et les études préli-
minaires qu'elle exigeoit, lui avoient pro-
curé quelques notions littéraires, l'habitude
du cabinet et la facilité de parler en public.

A la convocation des états-généraux,
il eut, comme bien d'autres, le désir de
s'y faire députer par ses concitoyens, et
il y réussit, par un grand étalage de zèle
pour les droits et les intérêts du peuple.
A la première époque de la révolution,
Robespierre, confondu dans la foule, ne
jouoit qu'un rôle inférieur et presque nul.
Aucun moyen remarquable ne lui permet-
toit de se mettre en évidence; mais en
secret il nourrissoit déjà le désir de deve-
nir un homme important.

Comme membre du tiers-état, son premier intérêt, son premier soin devoit être
d'abolir la distinction des trois ordres,
pour établir l'égalité des droits, et chan-
ger la forme du gouvernement.

Dans un nouvel ordre des choses, où la
naissance, le rang et la richesse ne dévoient
plus être comptés, Robespierre pouvoit for-
mer des prétentions, et c'étoit-là son but.

Mais il existoit encore un roi foible,
fourbe et méchant que, par préjugé, par
habitude, par crainte, on encensoit encore comme une idole antique.

La royauté et la Liberté sont incompa-

---

(5) Il étoit avocat à Arras, sa patrie.

tibles, et tôt ou tard il faut que l'une
des deux détruise l'autre. Cette loi de la
nature s'accomplit enfin, selon la justice
éternelle. Le dernier moment de la tyrannie arrive, et le plus grand de tous
les coups est frappé. Tous les despotes,
tous leurs satellites en frémissent de rage
et de terreur. Ils réunissent toutes leurs
forces contre un grand peuple qui a le courage de reconquérir sa Liberté. Semblables aux géans, ils entassent *Ossa sur
Pélion*, pour escalader le ciel. Cependant,
au milieu des tempêtes, la république
française, lançant par-tout le tonnerre,
s'élève fièrement sur les débris du trône
renversé.

Alors un vaste champ s'ouvre aux passions, aux intérêts, aux intrigues, aux
factions. Alors parurent les *royalistes* et
les *fédéralistes*. Parmi les premiers étoient
les partisans de la maison d'Orléans, de
la maison de Brandebourg et de la maison
d'Hanovre, tous voulant en secret donner
pour maîtres à la France ces mêmes princes
qui les payoient bien et leur promettoient
encore plus. Les seconds étoient ceux qui
vouloient faire de la France un corps fédératif, composé de plusieurs républiques
séparées, à la tête desquelles se seroient
placés modestement les auteurs de ce
système et leurs adhérens.

Dans cette vue, les fédéralistes offrirent
aux grandes puissances coalisées une

grande partie de la France, pour conserver le reste. Paris sur-tout, ce morceau
friand leur étoit livré, et à ce prix, le
gouvernement fédératif, dans le Midi,
eût été ratifié.

Ainsi, auroit été déchiré, morcelé par
les intrigues de quelques traîtres, ce
beau, ce vaste pays, destiné par son ensemble, sa force et ses triomphes, à de-
venir l'admiration de l'univers, et le foyer
de la Liberté du monde.

Dans tous ces projets chimériques,
Robespierre ne comptoit pour rien, et
s'agitoit néanmoins, pour jouer enfin un
grand rôle. Jadis la cour lui avoit déplu
par ses dédains humilians, et pour s'en
faire craindre, il s'étoit jetté, à corps
perdu, dans le parti du peuple. Il avoit,
d'ailleurs, assez de sagacité pour sentir
qu'au milieu des factions, de cette lutte
violente et générale, la majorité des forces
et des volontés l'emporteroit, et qu'en
s'attachant à la cause de la Liberté, il
iroit à la fortune.

A l'exemple des Gracques (6) qu'il

---

(6) Robespierre aimoit le spectacle. Il fréquentoit
l'opéra, aux pieces républicaines. Il étoit assidu au
théâtre de la république, lorsqu'on y donnoit la tragédie
de Caius Gracchus. Dès la, je jugeai que cette pièce
étoit l'école qu'il vouloit s'instruire et s'exercer aux

semble avoir pris d'abord pour ses mo-
dèles, sans en posséder ni les titres de
gloire, ni les éminentes qualités, il affec-
toit des manières simples, des mœurs dé-
centes, des liaisons modestes, des affec-
tions populaires, une vie retirée, l'extérieur de la vertu, le ton brusque de la
franchise et un grand désintéressement. Au
sortir de l'assemblée constituante, il n'a-
voit pas trouvé le secret de se faire députer
à la législative. Dans cet état d'oisiveté,
il ne lui restoit que la célèbre tribune des
jacobins, et il s'en empara. (7) Sur ce
grand théâtre, où il avoit si souvent dé-
clamé contre le comité autrichien et contre
les perfides représentans qui s'y étoient
vendus, il s'attacha à combattre tous les
partis, et à prendre constamment la dé-

---

grands événemens qu'il méditoit. Les effets ont prouvé
que je ne me trompois pas.

(7) A la scission des jacobins et des feuillans,
Robespierre et Pétion, faisant alors cause commune,
restèrent aux jacobins, sous une apparence de fidé-
lité au parti des patriotes, mais leur but secret étoit
de s'ériger en chefs de cette société qui déjà les ido-
lâtroit, et de l'opposer à la faction feuillantine, où
ils n'auroient eu qu'une existence passive, s'ils s'y
étoient réunis. Qui eût dit alors que Pétion et Robespierre finiroient comme des traitres ?

fense du peuple , contre les riches et les
puissans. Il cherchoit à gagner le peuple,
en s'apitoyant avec affectation sur ses
peines, ses sacrifices et sa misère ; en exal-
tant à tout propos sa bonté, sa justice,
son courage, sa force, et avec ces grands
mots, souvent répétés, avec ce langage
artificieux et séduisant, il acquéroit,
peu à peu, comme les Gracques, cette
popularité qui devoit le conduire au terme
de ses désirs.

Parvenu à la convention nationale, par
son influence sur les électeurs, il fut, dès
le principe, en butte aux ennemis du peuple. Les royalistes et les fédéralistes avoient
préparé leurs batteries, pour se débarras-
ser d'un antagoniste fâcheux. Un acte d'ac-
cusation est solemnellement demandé contre lui ; mais la fameuse montagne sauva
Robespierre, et son triomphe prépara la
chute de ses adversaires. Enfin, après bien
des manœuvres et des combats intestins,
les chefs des factions disparurent successi-
vement, les uns par la fuite, les autres
sous le glaive de la loi.

Alors Robespierre se trouva maître du
champ-de-bataille, fixant sur lui tous les
yeux, et regardé, depuis la mort de
Marat, comme le seul défenseur, comme
le véritable ami du peuple.

Mais son empire s'accrut infiniment lorsqu'à la création du gouvernement révolu-
tionnaire, ce palladium de la république

pendant les éruptions du volcan de Pilnitz, il fut placé avec distinction au comité de salut public. Le voilà revêtu d'une sorte d'autorité dictatoriale qu'il convoitoit depuis si long-temps. Soutenu par son ascendant sur l'opinion publique, il ne ménage plus rien. A la convention, aux jacobins, il prend un ton imposant et despotique. Quiconque lui déplaît, le gêne, lui fait ombrage, devient l'objet de sa jalousie, de sa haine et de ses vengeances. Ecrivains, journalistes, *beaux-esprits*, (8) philosophes, savans, orateurs, tous sont menacés, proscrits : et moi-même, sujet peu digne de la colère d'un dictateur, tandis que dans cette tribune et du fond de mon ame je vous communiquois mes pensées et mes sentimens républicains, la mort voltigeoit autour de moi prête à fondre sur ma tête au premier mot de Robespierre.

Ces applaudissemens bruyans que le Français né vif et enthousiaste prodigue

---

(8) Robespierre se déchaîna plusieurs fois aux jacobins avec une impudeur révoltante contre tous les hommes à talent. Il déclara hautement que ce n'étoit plus à présent *à messieurs les beaux-esprits* à parler à la tribune, et qu'il n'y avoit que *les sans-culottes* qui en fussent dignes. Il ne fut pas difficile de concevoir que Robespierre vouloit écarter tous ses antagonistes, et être le seul régulateur de l'opinion publique. Il faut l'avouer, cela lui réussit.

même à la médiocrité, par une vieille et servile habitude, achevèrent de tourner la tête à Robespierre, déjà surnommé *le vertueux*. Enivré de ses succès, il se crut assez idolâtré, assez fort pour tout oser.

Imitateur de Mahomet et de Cromwel, il voulut faire entrer la superstition dans sa politique : et pour subjuguer plus aisément les esprits, il fit proclamer, par des lois menaçantes, *l'existence de l'Être suprême et l'immortalité de l'ame*, comme un dogme nouveau et nécessaire à la Liberté. Aussitôt, au lieu de la douce et puissante voix de la persuasion, retentit par-tout comme les mugissemens du Tartare, cette sentence horrible, CROIS OU MEURS; et chacun fit silence.

Le caractère dominant de Robespierre étoit la fourberie et la cruauté. Tandis qu'il faisoit par-tout préconiser la vertu, la justice, la probité, il érigeoit lui-même un tribunal sanguinaire, composé de ses affidés, et où toutes ses victimes dévoient être égorgées. Nuit et jour il étoit entouré d'une foule d'espions et de satellites qui, comme les muets d'Asie, dociles et empressés au moindre signe d'un pacha, traînoient indifféremment dans les prisons, sous le nom *d'Hébertiste*, l'homme vertueux et le scélérat, l'ennemi et l'ami de la Liberté, l'aristocrate et le patriote, tous étonnés de se trouver ensemble, et destinés au même échafaud.

Enfin pour consommer ses projets il avoit besoin de complices dignes de lui. Il choisit dans le comité de salut public *Aristide Couthon*, et le jeune et spirituel St. Just. (9) Ces nouveaux triumvirs s'associent quelques autres représentans, et s'attachent les chefs de la force armée et le conseil général de la commune de Paris. Des agens nombreux sont répandus dans les départemens, dans

---

(9) Couthon apprit un jour aux jacobins avec beaucoup de modestie que dans son pays ses concitoyens avoient eu la bonté de lui donner le nom d'*Aristide*. Couthon étoit perclus des deux jambes. On le portoit à bras soit à la convention nationale, soit aux jacobins. Ce triste état, une figure intéressante, une éloquence naturelle et quelquefois animée, un son de voix agréable; son ancien attachement aux principes le rendirent intéressant et le firent idolâtrer. Mais Couthon avec de l'esprit étoit très-ignorant. Un jour, aux jacobins, pour prouver l'existence de l'Être suprême, il dit en propres termes: «je dis, moi, » que le soleil est l'œil de la divinité». Cette bêtise fut applaudie par *les battoirs à gage*, et peu de temps après on étala par-tout une gravure enluminée où l'on voyoit en haut le disque du soleil avec un grand œil au milieu, et au bas des adorateurs en différens costumes. Eh, voilà comme commence la superstition. St. Just avoit montré tant de belles qualités qu'il séduisit les meilleurs esprits. On le prenoit pour la vertu personnifiée.

» Eh! ne devroit-on pas à des signes certains
» Reconnoître le cœur des perfides humains?

les sociétés populaires, dans les armées. On annonce mystérieusement une nouvelle conspiration tramée, par succession, dans le sein de la convention, contre le peuple; il faut se hâter d'en détruire les chefs *peu nombreux*, ou se déterminer à périr soi-même avec la Liberté.

Par ces insinuations, et pour laisser un libre cours à la tyrannie, les premiers conspirateurs vouloient entamer la représentation nationale, et se rendre ensuite maîtres, par la terreur, de ce grand corps, comme les empereurs romains étoient devenus maîtres du sénat.

Dans cette situation, la plus critique de toutes celles où s'étoit trouvée la Liberté, tout-à-coup, les yeux s'ouvrent, les langues se délient, l'abyme paroît. Indignés de leur longue stupeur et du danger de la patrie, les représentans du peuple reprennent leur grand caractère, brisent le joug odieux qu'ils subissoient, et se lèvent tous à la fois contre les triumvirs et leurs complices.

Citoyens, vous connoissez la sanglante catastrophe de cette affreuse tragédie. Ne rappelons pas ici ces évènemens désastreux, ou, du moins, ne nous en souvenons que pour en empêcher de semblables, par une sage circonspection; car l'intrigue est un hydre redoutable, dont les cent têtes se reproduisent subitement, à mesure qu'elles sont abattues; et déjà de nouveaux tyrans avec le mot de justice à la bouche, et le venin dans le cœur, se préparoient à remplacer ceux qu'ils venoient de détruire.

Soyons toujours en garde contre les factieux, sous quelque couleur qu'ils se montrent. Aimons, estimons ceux qui servent utilement, glorieusement la chose publique; ceux qui, par leurs lumières et leurs travaux, apprennent aux hommes à chérir et à conserver la Liberté, par la puissance de la vertu. Mais ne soyons ni leurs adorateurs, ni leurs esclaves. Ne les croyons pas incorruptibles, ni d'une essence supérieure. En un mot, ne jugeons les hommes qu'après leur mort : c'est alors seulement qu'ils sont mûrs pour la gloire.

Citoyens, que l'expérience soit le phare lumineux qui nous éclaire sur la mer orageuse qu'il nous reste à parcourir. Profitons de nos fautes; ne nous attachons qu'aux principes, et bannissons pour toujours du sol français,

L'IDOLATRIE INDIVIDUELLE.

BARRY.

AUX SOUSCRIPTEURS,

Sur ce qui s'est passé à la fête du Décadi, 20 Thermidor, et à la fête précédente.

L'AMBASSADEUR des Etats-Unis, et son épouse, le ministre de la république de Genève, avec quelques uns de ses compatriotes, ont assisté fraternellement à la fête du 20.

Indépendamment du discours *sur les dangers de l'idolâtrie individuelle dans une république*, il a été exécuté, avec un succès complet, des symphonies et des chants républicains ; entr'autres, une hymne à la vertu, paroles de Faivre (Arsène), de Besançon, musique de Ph. J. Pfeiffinger, de Strasbourg. Cette grande scène civique a été chantée par le citoyen Lais, du théâtre des arts, la citoyenne Gaze, du théâtre de l'égalité, et les élèves des deux sexes de l'école nationale de chant. L'exécution de cette musique, sous la direction de l'auteur, a reçu des applaudissemens universels.

(30)

Le décadi précédent, où fut prononcé
par le citoyen Massot, son discours sur *la
piété filiale*, le citoyen Gaveaux chanta,
par une heureuse analogie, les couplets
en vaudeville de son opéra *de la piété
filiale*, pièce qu'après plus de cent soixante
représentations, au théâtre de la rue
Faydeau, on croit toujours voir pour la
première fois.

Le citoyen Lachnitt, déjà connu par ses
belles productions musicales, en fit exé-
cuter, le même jour, une nouvelle, dont
les vers, tirés de Racine et de J. B.
Rousseau, rehaussés par les puissans effets
de la mélodie et de l'harmonie, élèvent les
esprits vers l'éternel, digne objet de l'admiration des deux poëtes, du musicien
et de tous les hommes libres. Les sensations
qu'excitèrent cette belle scène lyrique furent
si grandes, que le citoyen Barry qui pré-
sidoit l'auditoire, pour remplir le vœu
des citoyens enchantés, donna, en leur
nom, l'accolade fraternelle à Lachnitt, au
milieu des plus vifs applaudissemens.

Les citoyens Dufresne, basse-taille, artiste aussi estimable par ses talens, que
par son zèle et sa modestie; Cholet,
chanteur et compositeur; Guénin, premier violon; Levasseur le jeune, violoncelle,
tous du théâtre des arts, se sont joints à un
grand nombre de leurs confrères, et ont
présenté un ensemble de talens précieux
et de sentimens civiques, nobles fruits de

a nature, de l'étude et de l'amour de la
Liberté.

Nous citons encore avec plaisir, comme
amateurs zélés, les citoyens Lebeau et
Lavit, pour la clarinette et le basson.

Nous voudrions pouvoir nommer ici
tous les artistes et amateurs qui nous ai-
dent si généreusement à propager la pure
morale et la saine politique républicaine.
nous en avons déjà cité plusieurs dans le
numéro 7 du 3e. trimestre.

Mais ce qui nous flatteroit beaucoup,
ce seroit de pouvoir rassembler dans nos
fêtes, tous nos souscripteurs, pour qu'ils
pussent partager avec nous les charmes
opérés par la réunion des beaux-arts et de
la philosophie. Si nous sommes généralement privés de cette satisfaction, nous
tâchons du moins de leur en donner quelques idées, par les détails qui accompa-
gnent plusieurs des discours prononcés.

C'est ainsi que dans toute la république
et dans tous les pays libres, nous établis-
sons une communication fraternelle de lumières et de sentimens.

Salut et fraternité.

BARRY.